Jürgen Nendza · Auffliegendes Gras

P

Jürgen Nendza

AUFFLIEGENDES

Gedichte **GRAS**

poetenladen

Für Milo

Zweite Auflage 2022
© 2022 poetenladen, Leipzig
Alle Rechte vorbehalten
ISBN 978-3-948305-13-0

Umschlaggestaltung: Franziska Neubert
Druck: Pöge Druck, Leipzig
Printed in Germany
poetenladen, Blumenstraße 25, 04155 Leipzig, Germany
www.poetenladen-der-verlag.de
verlag@poetenladen.de

Die Arbeit an diesem Gedichtband wurde
gefördert durch die Kunststiftung NRW.

Kunststiftung
NRW

Abraum

UND RÜTTELVERDICHTUNG,
die Böschung
abgeflacht in Folgelandschaft:

ein Kind am Fenster
puzzelt das Dorf
mit einer Kirche

auf einer Kirche
auf einer Kirche
und nirgends das Orgeln,

dack-dack, das Schnirpen
am Ende, das Scharren
im Unterholz: lies

Luftverfärbung
in die Suchschnitte
ein, den Untergang

von Tagesanbruch
im Gesang: Abraum
Erde, Abraum

Zimmer, Türen hinter
Türen hinter
Türen: Kompensationsorte,

die Schwerkraft liegt
wach und eingepflegt:
Revierverluste,

Nervenbad,
die rechtwinkligen Toten
ins rechtwinklige –neu.

UND KEINE FESTIGKEIT
der Oberfläche: Setzungsfließen
hinter der Stirn, das Nachzittern,

Andonnern der Greifer
und *nichts Greifbares,
das man für wahr halten könnte*:

Wüstung aus Elternhaus,
Hausgeburt. Lesefund:
Duschkopf. Sprenkler

zischen in die Bruchkante
Rede: Gebundene
Schwebstoffe, Lehm,

schaufelnde Schaufeln.
Immer bleibt etwas
stehen in der Luft

im Aushub der Narrative:
Hier stand das Universum
eines Walnussbaums,

unter dem der Klepper
kreiste, ein Gedächtnis
aus Stallung und

Weide. Lesefund:
Türschild, graviert.
Die Sehnsucht nach einem

Zimmer, seenplattengroß
das Sperrgebiet.
Später ein Stück Mauer

mit Fotosynthese:
          Hortensie, weiß,
mit fließenden Monden.

UND EIN TÜRRAHMEN,
ein warmes Stück Holz
in der Sonne, Einkerbungen

von Wachstum. Erdgeruch
steigt unter die Achseln,
fließt ins Erwachen

floraler Muster von Erbstück,
Auslegepapier: Wen
bewohnt jetzt das Dunkel

in den Schränken? Nichts
kannst du hinstellen
in diese Umgebung,

liegen lassen in diesen Kontexten:
BOYSENBÄR, ein Übertopf.
Man muss sich hineindenken

in das Gefäß unter dem
Pflughorizont:
Knochenbrand, Kalotte,

Metallzeit, ausgeschlämmt.
In diesen Kontexten
Wald mit Bestreifung

gegliedert, Wald mit Verwallung
gegliedert, Tripods.
Das Nachglühen der Kohle

im Bild der Rotkehlchenbrust
und nirgends ein Hauswinkel,
ein Gespinstteppich.

UND DIESE EMPFINDUNGEN
verkippt ins
Grubenpanorama: ohne Anhaltspunkt

der Duft von Schneeball
und Schatten. Freigelegt
eine Formation gepresster

Sonnen, der Sprung
der Säbelzahnkatze
und knapp über dem Löss

ein Liebeszupfen
am Löwenzahn. Dreh dich
um, die Wege verlaufen

ins Bodenlose. Du bist
Löschwasser, Werksgelände,
gebundener Staub,

erstarrst im Pendeln
der Trümmerbirne
unter dem Verbrennungsgewölbe,

veredelt in Himmel-, verkippt
in Wasserblau,
in Entsprechungen jetzt:

dieser Klang aneinander
schlagender Kiesel,
dieses Schnackern

im Kopf. Flugbewegung,
inkohlte Gezeiten.
Alle Sätze schwimmen oben.

UND SPÜRST DU DAS MALMEN
aus der Tiefe, aus
dem Kolossalen:

gleichmäßig in der Grube
ist sein Gewicht
verteilt, der Bodendruck

gering fürs Terraforming
auf Augenhöhe
mit der Fackelträgerin. Sag:

WESTWORLD, sag: Liberty
Island, sag: Was gräbt
und gräbt sich da kabinengroß durch

Räumungseinsatz, villa
rustica, *durchs warme,*
knisternde Gehirn

eines Ameisenhaufens?
Bruchkante, dein Blick
rotiert, sucht Topografie

und Kindesbeine noch:
Resthäuserhorizont.
Am Bordstein ein Junge

dreht Erde, dreht syrische Zeit
an einem Hinterrad
von BRUDER JOHN

zurück. Schutt
durchschneidet seine Sohlen.
Die Daten sind belastbar.

UND JE NACH WINDEXPOSITION
nähern sich vergessene
Namen, Stimmen,

die abklopfen das Dunkel
in dir, weitersprechen
vor dem Umgehungsgrün.

Kein Pollenflug, kein Pochen
in den Dingen
kann *deinen heimatlosen*

Verstand in einem Traum
behausen: Ein leeres
Monogramm

des Denkens, verkippt,
ausgekohlt und
längs einer Menschwerdung

gerädert und
geschaufelt: Du
kannst nicht mehr

aus dem Haus, aus der Hitze
treten. Notgrabungen,
unerhörte Gebete,

Haarbürsten verfüllt mit
Staub: *Kopfsouvenire.*
Als Beigaben

eine gallische Fibel,
Wasserpumpen,
Absenkung.

UND SUCHSCHNITTE,
die Betriebsfläche
Luft: entwidmet.

Hinter dem Blickfeld
das waldsäumige
Spargelgewächs:

Großflächig war einmal
das Maiglöckchengedächtnis,
sein nickendes Weiß

gegen Sprachverlust,
Forst-: *Das Ganze wird*
in Unsichtbarkeit

verschoben. Die Karabinerhaken
halten fest am Wald
und subatlantisch

mild das Klima: Sommereiche,
Hainbuche, ein Lichtdom
in Pendelbewegung

und hinterher
eine Prozession
mit der Ankunft

der Schraubenflieger:
Buchennüsschen,
hanebüchen ihr korkporiges

Atmen über
Hebebühne,
Baumhaus, Gedenkbild.

UND DIESES ECHO
in dir: Obst,
das vom Baum fällt, aufsummt,

auffliegt in taumelnden
Wespen, gelb
wie die Greifer: Sitzgruppen

vor Häusern, aufgeschlitzt.
Das Schwimmbad
in den Gasthof

in den Schaukasten
gekippt: Das Blickformat
forensisch, fotografisch und frisch

die Eingrünung der Ränder,
die *leise eskaliert*
ins Gleichgewicht: rekultivierte

Lebensläufe, Begleitvegetation,
der Rüttelflug
der Mausohren im neuen

Kreisverkehr. Dämmerungsaktiv
auch Flutlicht und
Kommandosprache,

ein Trockenbrot
der Himmel, darunter
Setzungsfließen: Du

spürst Ufernähe,
angespülte
Naherholung. Sag:

INDESCHER OZEAN,
       sag: Totenstille,
ein *Fortblumen* der Totenstille.

Arboretum

Silberweide

Es ist ein Fließen im Weichholz:
Gewässer und Wand in den Namen

gewunden für trennbare Räume,
Lahnungen, Felder, Senkmatten

unter der Brandung: Es ist ein Wiegen
im Lichthunger, ein mausgraues

Glück auf Ruten gereiht: Lichthunger
und ein verirrtes Wehen und Winken:

Weidenwald, dunkle Wellen, welliges
Haar: Es ist ein Fließen, das festhält

die Erde mit Unterschlupf, Blattsilber
austreibt, kurzstielig zu Lanzen

gebogene Monde und sich wiederholt
in kopfbäumigen Kolonnen,

im Nebel: wie geastete Milch
ist dieses Fließen im Weichholz.

Espe

Eine Empfindlichkeit am Wegrand,
die sich ins Zittern legt schon

bei geringstem Denkanstoß: die große Flatter
längs der langen abgeflachten Blattstielbahnen.

Ein stumpf gezähnter Laubrausch, der Licht
ins Innere bewegt, in jede Richtung tanzt

und abkühlt, austreibt Junischnee,
flockige Verdriftung fürs Kopfkissen

vielleicht. Ein Großer Fuchs frisst Kreidezeit
vom Blattwerk, die Rindenraute schraubt sich

wie der Zylinder einer Spieluhr in die Krone,
den Widerstand der Luft. Selbstentzündend

liegt ein Schweigen in dem Zittern:
Dein Laub blickt weiß ins Dunkel.

Schwarz-Pappel

Ein eigener Breitengrad, die Äste überneigt
und ausladend, die Seilverspannung über Kreuz:

ein Labyrinth der Festigkeit, mit Zugkräften
vergabelt und Jahrhunderträndern

tief ins Licht gebogen: Knospenharz,
es fliegen Bienen an fürs Klebewerk,

fürs Abdichten von Ritzen, Spalten. Später
kämmen Sommertriebe die sanierte Krone,

als dunkelsüße Wolke ruht sie
auf dem knappen Stamm: mondfahl

die Borke, wulstig, eingeknöchert,
mit einem Hohlraum ins Verborgene: Du

hörst darin das Knorren der Hornissen, siehst
im Blindholz Schattenbilder, das Material

aus Tränen in der verdeckten Konstruktion.
Ein Steinkreis liegt um ihren Stamm.

Kinder springen darin auf und
ab und wachsen schnell.

Weißbirke

Eine Frühe steckt in diesem Pioniergehölz:
ausschweifend ist sie in die Beweglichkeit

von Ast und Blatt geschraubt, ins zottelnde,
mähnige Zweigen: ein Fächeln in Erleichterung

gehängt und kronenhoch verjüngt
zu Lichtgenuss und Phantasie: lass

die Birkenschaukel zu neuem Anfang
wiederkehren, das Zebrabein sich ausrollen

im Ringelkork zu einer Herde, zu einem Ausritt,
von allem Festen weg und doch drauf zu

ins Rindenweiß, das reflektiert, das schützt:
erdig und pastos steht Paulas KLEINES KIND

MIT EINEM BIRKENSTAMM, allein hineingestellt
ins himmelgraue Freilandhell umklammert

seine Hand das Holz: ein Stab,
in dem schon früh das Kümmern wächst.

Stieleiche

Skulptural, als sei ihr dort am Weiher
ein Geistertanz vom Stammfuß wuchtig

in den Stamm gewachsen: wie zur Entbindung
wölbt sich ihr Flaschenbauch mit Schleimfluss hoch

zu Astbasis und Abschiedskragen, zu überwallten
Wunden: schräg, in sich verwachsen, eine Büste

fast und in den Wind geneigt die Kraft
ihrer Verästelung: starkastig greift sie

aus ins Knicken und ins Zucken, wellt sich,
dreht sich, krallt sich fest, bis sich ein Grobast

in den rechten Winkel krümmt zu einem Rahmen,
der Tür und Tore öffnet: Dryaden und Tertiär,

Absprung und Laub, immer wieder Laub,
auf einem Stahlkern Laub und Laub

von Rang und zur Bekränzung: Laub
unter einem Unglücksbalken und neben Stelen

aus Basalt: skulpturales Laub und diese Rede
vom *Wärmecharakter im Denken*.

Rotbuche

Hingehaucht, so wimpernfein gesäumt
ist das Oval ins Grün gespannt, gebuchtet

und ins Nervennetz gewellt: Der Schattenbaum
wird aufgeblättert, der Säulenbaum, gradwüchsig,

unbeastet, rank und *auflauschend* in seinem ersten
Austrieb. Die hohe Stunde ist eine schöne Buche,

die lautlos wächst zum Ruheraum ins kathedrale
Bild: Gewölbekrone, Andachtshalle für feinste

Wurzeln, für Trockenstress im Sonnenfeuer jetzt,
das sich im Zunder sammelt. Ihr Rindenmantel

bricht und dämonisch still plötzlich der Wald
mit einer Inschrift, die von innen lesbar ist.

Feldulme

Du denkst an ihr Abschlussgewebe:
ein Kettenhemd, schuppig gefeldert,

gerippt mit borkiger Stille und
in eine Studie geknüpft: Du denkst

an Constables Stamm und seine Liebe
zum Detail, an das Ulmenwunder in Zenobius'

Sarg und an Rialtos wasserbeständige
Pfähle: Du denkst an Winterkronenrot

vor dem Laubaustrieb, an das *nachleuchten*
im Stadtgarten: Du denkst an Anfälligkeit,

an den fünften Teil des Alphabets und an das *licht
der erinnerung:* Du denkst ans Sterben.

Eberesche

Fast kleingewachsen, paar Meter
im Vergleich: schlankstämmig und hoch

gewalzt ihr mattes Rindengrau,
die Ausstülpungen zum Austausch

mit Umgebungsluft. Ein weiter Radius
darüber aus *lebender Koralle,*

ein Puls aus Glut wie eine Jugend:
karibisch, flamboyant und schäumend,

frosthart bis Sibirien: so vielseitig,
so anspruchslos. Darunter meine Bank

im Halbschatten sessiler Bilder,
im Missverstand aus Laub und Laut

und Lockspeisen, gebündelt: *Die Füße
steckt man durch die Augenhöhlen*

über Kreuz. Ich weiß von *Abschiedsstunden*
in den Früchten, von Gedankenstrich

und Fragezeichen, überständig
hier im Wintersteher.

Rosskastanie

Eine Handreichung: Die Fiedern fünffingrig
am Straßenrand und aus dem Wurzelpfahl

mit einer Drehbewegung das dichte Dunkelblatt
sturmfest ins Wolkenbild gehoben, ins Treiben

weißer Pinselköpfe: Bojen, kleine Bojen,
Taumel und Signale, die gegen Leerflug

leuchten: Farbauftrag und -zerlegung,
die Saftmale verdeckt im BLÜHENDEN

KASTANIENBAUM. Ein Auflösungsverlangen
rollt sich aus in Blüten, Wellenflächen,

Flut. Ihr Schatten dunkelt jetzt den Gehweg ein:
Ein schwarzer See im Ampelblitz und

der Verkehr bleibt stehen. Das *Abendboot*,
es *rauscht vorbei*, fast ungesehen.

Esche

Auf den Schlaf geblickt, auf Möglichkeitsräume
für Reiterationen: sprich über filziges, zottiges

Schwarz, über Beiknospen, Frostschutz und
Tiefschlaf bis Ithaka, Grönland, über eschene

Schwellen in der Krone, mit Flügelnüssen
behangen wie geschrumpfte Fledertiere

mit zungenförmigem Flugsaum, darunter
ein kräftiges Herz vielleicht, eine Wirbelsäule,

aufgebogen: sprich über mitwachsenden Schlaf,
die ruhende Verzweigung im Klangholz

von Liebespfeil, Weltenbaum: sprich
über das Freisetzen linearer Triebe, dunkle

Knospen ans Zweigende gesteckt noch
vor dem gegenständig gefiederten Grün,

dem Maileuchten, dem Transpirieren des sparrigen
Dachs: sprich über lichtwendige Schatten, Freistand

und Fototropie, über ihren Wurzelanlauf,
von Elefantenhaut umwachsen.

Was zusammenfällt

… es fehlt wieder an Obst, es fehlt
vor allem ein Vertreter aus der Familie
der Rosengewächse, es fehlt Kernobst
mit Kerngehäuse und Kernkammern,
Kernhauswänden und -achsen, es fehlt
ein apfelförmiger Stern im Querschnitt,
ein Rhythmus, ein Hausmittel
zum Wachwerden, das fehlt …

… das wäre doch denkbar: In einer Spiegelung
fütterst du den Mond, im Fensterglas.
Dahinter eine Landschaft, angelegt mit Nacht,
mit amphibischen Zöglingen und morgens
ein Aufbeeren im Licht: *weiß, es ist weiß,*
sagen die Kinder, das dunkel ist weiß,
und die Haustür bleibt stehen …

… was ist es, was mich beschäftigt:
die Maserung deiner Lippen in der Rinde,
das Delfinauge im matten Schwarz
der Olive, also ein Restlichtverwerter, *japsend*
vielleicht *wie ein Säuglingsmund* oder dieser
Hintergrund, unscharf und ungewiss …

… versuch es und mal doch mal aus das Menschenbild
im Darwinfink. Gut, die Farben sind Verschlusssache
oder Zitat, denn *ist der Himmel so blau, singt alles
sich selbst.* Am besten du atmest ein und aus …

… dann entdeckt dich ein Klopfen im Ohr,
namenlos, winterhart. Du fragst dich,
wer hat den Knopf gedrückt, um diese Signale
zu empfangen und wie ertastest du den Pfeil,
der die Laufrichtung anzeigt beim Abklopfen
der Strecke und vergiss nicht, den Hebel
des Spenders mit dem Ellbogen zu bedienen …

… die Tulpen sind jetzt im Zustand der Worte.
Du schlägst eine Brücke zwischen Vase
und Grabenarbeit und schon rücken Motive nach
wie Schatten: Ist das dein Mantel oder
eine Trauergondel? Oder beim Spülen, am
Spülsaum: Luftbläschen, Luftkissen, Leichensäcke …

… ein Rinnsal unter dem überlaufenden
Regenfass: Wie viel Himmel steckt in der
sich ausdünnenden Nässe? Manchmal
geht dir eine Empfindung voraus und du
kommst nicht nach. Ein Aufwachen mit Gewichten
an den Beinen. Dann ein Rascheln, eine Amsel
im Unterholz, ein Umblättern …

… dieser Schritt aus dem Obergeschoss hinaus
zu den feinfaserigen Lauten: ein leiser, schnäbelnder
Hunger, spitz gehaucht aus dem Lichtschacht,
dem langzeiligen, von Hauswand und Fabrikmauer
eingekeilten Kiesbett, aus einem Versteck
hinter einem hochkant an das Gemäuer
gelehnten Lamellenpanzer: gehauchte Laute,
überzogen von einem Tackern mit weißem Stirnfleck
und Flügelspiegel, das auf der Dachrinnenwarte
abschwillt, als ein zweiter Rotschwanz zur Fütterung
anfliegt, in den Schacht sinkt und hinter dem Panzer
verschwindet, bevor er abhebt und ein graues Hervorhüpfen
hinterlässt, gefolgt von einem Tackern, das wieder anschwillt,
bis der Jungvogel in Deckung geht und sich versteckt
in einer Stille, die auch wir betreten, als wir hineingehen
und uns fragen, wie viel Leben es braucht,
um einen Lichtschacht zu überwinden …

… doch, ich erinnere mich: Umwacht vom Blühen,
sagtest du. Wir schauten auf unseren Schrittzähler
in diesem züngelnden Spalier aus natternköpfigem Blau,
vermischt mit dem Duft von Wasser und Staub.
Die bipedale Abstützungsdauer ging gegen null
und abends, im Dunkeln, fanden wir die Sicherung nicht …

… möglich, es ist eine Schwebfliege,
die in der Tastatur der Gespräche hockt.
Oder eine sokratische Bremse. Komm,
wir gehen wandern. Ich hol die Trekkingstöcke
und später setzen wir uns einfach
irgendwo hin …

… es war der Geruch von frisch gemähtem
Gras. Es war ein Schmerz, ein Fälligkeitsdatum.
Es war ein Heben und Senken. Es war Reizklima,
Gedächtnis. Es war die Sonne. Die Sonne war
eine schöne Frau …

… plötzlich taucht er auf, der alte Fensterblick
auf die Friedhofsmauer: Jelängerjelieber.
Eine Rankhilfe für Schatten, wohlduftend,
leicht. Ohne die Grausamkeit einer Bedeutung
schleicht das Licht aus der Gardine …

… wer legt nun einen Zugang zum Augenblick
oder zu einem anderen Nervenkostüm und stiftet
Zusammenhang, der die Gegend aufs neue entfernt
und überführt in einen Wellengang, in den Salzgehalt
des Blutes, in das Aufleuchten deiner Beine
über dem Siedlungsband der Flechten …

… nein, das ist kein Schnee da draußen,
es rieseln Testbilder vergangener Tage:
Bildstörungen und ein Phantomschmerz
im Auge, bis hoch in die ausgelichteten Kronen.

Ja, viel Schlaf ist liegen geblieben und
denk daran, die Betten auszuschütteln …

… unter deinem Rippenbogen
Schlag für Schlag eine Andacht
ins Fließen. Manchmal *fliegen Vögel*
still durch uns hindurch. Hier, nimm
diesen Zweig. Er ist voller Wälder …

Vor dem Nachtquartier

Abendlicht. Felder, Gräser, Pappeln.
        Vielleicht wäre es dunkel geworden
                in uns, wie in einer schlafwarmen Hand,

die ein Vertrauen umschließt
        in den Wendungen des Möglichen,
                als diese Zerstreuung anhob

und über uns zusammenfand
        zu einer walzenden Bewegung,
                in Nachbarschaftshilfen punktiert

und aufsteigend zu einer Lawine
        aus Schwärze, die ein wehendes Seepferd
                entrollte in einer Wolke,

in der nichts wirklich angrenzte und blieb
        und jede Erwartung verflog: Wir
                saßen beisammen, sahen auf

und deckten uns zu mit Sätzen,
        unter denen unsere Füße hervorschauten,
                saßen in einem *Energiefeld*

außerhalb des Intendierten
        unter Anordnungen,
                die aus dem Namen fielen,

wie dieser Greifvogel
        aus dem Namen fiel,
                der seine Beute bedeutete,

an ihren Einzelheiten versagte
        und ohne Zugriff hinabsank
                aus dieser Unkenntlichkeit:

du wirst nicht hier gewesen sein,
dachte ich, *nur Einzelheiten,*
die alles auftrennten, sich zerstreuten

und wieder einfanden
zu einem Luftschiff aus Rauschen,
das eine Brandung transportierte

in einer auf den Kopf gestellten Pyramide,
die sich auflöste
wie eine Körnung,

die durch den Kolben
einer Sanduhr glitt
und sich lautlos

über den Stromleitungen
am Feldrand zu einer Nulllinie
ausdünnte, in der wir Anzeichen

von Pulslosigkeit hätten entdecken können
oder den Beginn eines Breitengrades,
als sie eine Kehre nahm

und mit dem Zucken in meinen Schläfen
das Rauschen wieder einsetzte,
sich über uns aufbauschte

zur Gestalt eines Rochens,
der in einem Elefantenfisch verschwamm
und uns eintauchen ließ

in fossile Spuren von Impulsen
und Nerven unter dieser Schwärze
mit ihren Abstandshaltern

aus Nachbarschaft, Luft und Lücke:
ein in sich kreisender Schatten,
mit Lichtsprenkeln durchtupft

wie Zuckerstückchen
für Bild gebende Ähnlichkeiten,
und wer hätte jetzt Körper

und Hindernisse errechnet,
als im bauchigen Dunkel
ein Herzmuskel pumpte,

ein Unterwasserfliegen
hin zu einem Gelände
aus Atem mit Schwimmhäuten

aus Buchstaben und Einzelheiten,
die sich *an einem Prozess beteiligen*,
sich überlagern, mitspielen

und *keinem Ergebnis gegenüberstellen*
beim Aufhellen, beim Atmen:
sich hingeben heißt,

etwas nicht beenden wollen,
hattest du gesagt, und ich dachte, vielleicht
führen wir den Teil der Unendlichkeit fort,

der uns gehört, wenn wir Verbindungen schaffen
zwischen Körpern mit Zuckerstückchen,
die sich längst über uns verteilt hatten

zu den Umrissen eines Kontinents,
bevor die Nachbarn oben und unten
verdrehten: ein Möbiusband,

es gab nichts zu beweisen,
    nur unsere Anwesenheit
        verbunden zu einem *Trost*

im großen Trostlosen,
    der in einem Sog entglitt, verstrudelte,
        sich ins Nachtquartier zerstreute.

Kretisches Gelände

ZUNGENBLÜTEN und -blühen, karstige Margeritenbänder:
ein wucherndes, wummerndes Summen,

als kreise eine Konfession der Übergänge
um dein Ohr: so abrufbereit zum Vertauschen

der Knopflöcher, zum Insektenzählen,
zur Farbwanderung der Wandelrose

zum Beispiel: deine Körperlinien, invasive
Flächen, durchblutet mit Gedächtnis. Wo

finden wir die ungeheuerliche Mitte, umzogen
von vieltürigen Räumen, Richtungswechseln:

ein Denkgebäude, eine Palastanlage, gefüllt
mit Magazinen, Lichtschächten, Wind:

Wenn du jetzt austreibst, richtungslos lächelnd
unter dem Summen, wenn wir an Kraniche denken,

die ihre Flügel strecken und springen
durch Gänge mit geschlossenen Schleifen und wenn.

UND WENN dein tagaktives Sehen dich
langhalsig trägt über ausgewehtem Boden

wie eine Hebevorrichtung: Lichtkörper,
versteckte Biolumineszenz. Am Wegrand

wilder Thymian und ein Erhellen im Wiegen
und Biegen des Riesenfenchels: Es regnet

Kaskaden in den prometheischen
Exkurs vom Feuer: Hangrutschung,

Kipppunkte, tektonische Poren. Wir halten
uns aufrecht vor der verschütteten

Straße und drehen um, als wäre uns
noch einmal eine Kindheit gegeben.

ALS WÄRE uns noch einmal eine Kindheit
gegeben: Zitterareale, eine federnde,

fiedernde, fiebernde Empfänglichkeit
längs der Uferstraße: Mimosenbesteck

für Loukoumades, Zimtzusatz, in Honig
getränkt ein Tuscheln nachlaufender

Mythen: Das Füllhorn der weißen Ziege
in den weißen Bergen und eine Anbindung

an morgenländisches Harz: Aleppokiefer,
der Himmel ein blauer Schrein über

Lesesteinmauern, ausgebombt und
in Wechselgesängen die Resonanz

von Lyra und Kalebasse: Wir werfen Gras
in die Luft, können nicht einstimmig sein.

Können nicht einstimmig sein, doch
Hand in Hand: Ist das ein Schaukeln

oder ein Soufflieren in die Gelenke,
die kein Scharnier sind für Kohärenz?

Wir pochen auf, schlagen an
in der Ordnung der Tischreihen,

die wie eine Ebbe alles zusammenzieht
und schrumpfen lässt: Lavendel

in Terracottatöpfen, Komplexitätsreduktion.
Vor uns in der Mittagsblume stottert

die Hottentottenfeige den Hang hinauf:
ein Anklang an Herrenmenschen. In der Bucht

Kolonien aus Kippgliedern, Zehenstege,
Weichmacher, geschmeidiges Wasser.

GESCHMEIDIGES WASSER: rätselhaft
eingebunden sind die Dinge mit den Augen

zu einem selbstähnlichen Willkommen:
allerhand sein, ein Körpergewicht aus Erwachen

beim Springen mit ausgestreckten Flügeln
durch Gänge, durch Stellungen und Stellen

hinter dem Komma, in wirrendes Dickicht,
Dürregebiet: Lichtflecken über wolkiger

Kamille und ornamentierende Schatten, flatternd
zu Augenspinnereien, zu deiner Freude:

Fische, verspielt im Bodenmosaik,
in der Mitte der verschwundenen Basilika.

In der Mitte der verschwundenen Basilika
entdeckt dich ein Anvertrauen ins Blühen,

ins blätternde Blättern und umblättern
der Sonnenaufgänge, ins luftige Überflächen:

Kraniche im Labyrinth. Deine Stimme,
ihr hörbares Rieseln ins Blickverlangen,

in Sichtbarkeiten, Panoramen, die niemand erkennt:
Steig hier in den venezianischen Pool

brachliegender Salinen oder wechsel die Richtung
ins Stiersprung-Motiv auf molekularem Stoff

aus Säuren und Alkohol: ein Behältnis
aus Kunstfasern und Windungen, bis in die Berge

hinauf unter Platanen: das Umblättern
der Sonnenaufgänge zu Steinbruch und

Wehrmachtsdepot, Minos und Zeus,
zu Schleichwellen, umwickelt von Wind.

UMWICKELT VON WIND: Mirabellobucht,
die Boote sind aufgebockt für Grundierungen

wie zur Bestehensprüfung ihrer Namen,
die nachflackern im Wasser, verschwimmen,

verwirbeln und an Abschiede erinnern werden,
die sich beim Winken verlieren in das Absterben

von Körperbereichen, wenn das Caique-Boot
uns übersetzt in einen Horizont blank liegender

Nerven, Bruchlinien aussätziger Schatten,
Geisterinsel, Sulfonamide, Wirkstoffgruppen:

Wenn jemand stirbt, stirbt eine Welt
und überall Ausflugsboote, Modalitäten.

MODALITÄTEN, Café Alyggos, Windstille.
Flachschirmiges Schattenwachstum und

ein Schwenk zu Plastikflaschen, wasserbefüllt,
an den Ausläufern der Maulbeerzweige.

Über dem Kreuzungsgeschehen eine Skulptur
aus körnigem Dunst: Vibrierende Schallräume,

ausgehärtet mit Motorengeräusch und mit Lichtern
punktiert die Kehren der Küstenstraße: Proskinitaria.

Du stehst auf. Spatzen stauben hoch,
Gedanken an auffliegendes Gras. Im Zirkel

deiner Beine wölbt sich der Erdkreis:
Was wird aus der Windstille jetzt?

WAS WIRD AUS DER WINDSTILLE jetzt
in der Nacht: Hockstellung, der Schlaf

kommt angewinkelt in den Beinen und wir
wie bestattet in sandfarbenen Vorratsgefäßen,

umwunden von bauchigen Auswölbungen,
keramischen Fischen: Einmischungen

aus dem vieltürigen Gelände. Wir
lehnen uns einen Spaltweit ins Licht

und verbeugen uns zum Tanz,
als bewegten wir uns in der Gleichzeitigkeit

eines Traums, bevor *alles zur Klarheit
verblasst*: Zungenblüten und -blühen.

Anmerkungen

Abraum

S. 7: *ins rechtwinklige –neu:* Die neuen Ansiedlungen der abgebaggerten bzw. abzubaggernden Dörfer werden auch als Kompensationsorte bezeichnet. Jedes Dorf behält seinen angestammten Namen, der allerdings mit der Namensergänzung „neu" versehen ist. Die Schreibweisen sind dabei unterschiedlich, z. B. *Immerath (neu)*, *Neu-Etzweiler* oder *Manheim-neu*.

S. 10: *Boysenbär:* grauer Blumenübertopf von IKEA.

S. 10: *Man muss sich hineindenken in das Gefäß:* Zitat einer Archäologin vom Rheinländischen Amt für Bodendenkmalpflege über die Rekonstruktion einer Urne aus keramischen Scherben, die während des Braunkohleabbaus gefunden wurde.

S. 10: *Kalotte:* kugelförmiger Knochen, Schädelkalotte.

S. 12: *Westworld* ist eine US-amerikanische Science-Fiction-Western-Serie von Jonathan Nolan und Lisa Joy, basierend auf dem gleichnamigen Film von Michael Crichton aus dem Jahr 1973. In einem gigantischen Old West-Themenpark gehen Männer auf „Abenteuertour". An Androiden dürfen sie Mordabsichten hegen und umsetzen und ihre sexuellen (Gewalt) Phantasien ausleben. – Die Grabungstätigkeit des größten rheinischen Braunkohle-Schaufelradbaggers wurde in eine Episode der ersten Staffel zwecks „Terraforming" für ein neues Spielgelände einkopiert.

S. 12: *ein Junge … dreht syrische Zeit:* In dem zum Abriss und Abbaggern freigegebenen Geisterdorf Manheim sind einige noch intakte Häuser bis zu Beginn der dortigen Braunkohleförderung zu „Flüchtlingsunterkünften" umfunktioniert und für rund 50 Menschen internationaler Herkunft „bereitgestellt" worden.

S. 12: *Bruder John: Bruder* ist eine deutsche Firma, die Spielwaren produziert, unter anderem naturgetreue Nachbauten des US-amerikanischen Landmaschinenherstellers *John Deere*.

S. 13: *gallische Fibel*: Eine Fibel ist eine Gewandspange, mit der in der Antike Gewänder sowohl von Frauen als auch von Männern zusammengehalten wurden.

S. 14: *Das Ganze wird in die Unsichtbarkeit verschoben*: Zitat aus einem Interview mit dem Fotokünstler Andreas Magdanz. Er dokumentiert das Verschwinden von Landschaft und Dörfern im Rheinischen Braunkohletagebau fotografisch und hat den Begriff *forensische Fotografie* geprägt.

S. 14: *Gedenkbild*: Der Journalist Steffen Meyn stürzte am 19.09.2018 während seiner Dreharbeiten im Hambacher Forst aus einem Baumhaus und verunglückte tödlich. Für ihn wurde im Hambacher Forst ein Gedenkbild aufgestellt.

S. 15: *Mausohren* bezeichnet eine Fledermausgattung, zu der auch die im Rheinischen Braunkohlerevier bzw. im Hambacher Forst lebende Bechsteinfledermaus gehört. Sie gilt als besonders gefährdete Art.

S. 16: *Indescher Ozean:* Nach Auskohlung des Braunkohletagebaus Inden soll ein künstlicher See entstehen, der *Indesche See* oder auch *Indescher Ozean*.

Arboretum

Referenz-Bäume zu *Arboretum* gibt es in Aachen, Köln, Würselen-Pley und Vaals/NL.

S. 22: *Kleines Kind mit einem Birkenstamm*: Referenz auf das gleichnamige Gemälde von Paula Modersohn-Becker.

S. 23: *Wärmecharakter im Denken*. Zitat von Joseph Beuys. Beuys startete 1982 in Kassel sein Landschaftskunstwerk *7000 Eichen*, wobei jedem gepflanzten Baum eine kleine Basaltstele zugeordnet werden sollte (7000 dafür ausgewählte Basaltstelen lagen keilförmig aufgeschichtet auf dem Friedrichsplatz in Kassel). In diesem Kontext schmolz er zum Auftakt der documenta 7 in einer öffentlichen Aktion eine Nachbildung der Zarenkrone

Iwans des Schrecklichen ein und goss daraus die Plastik eines Hasen (*Der Friedenshase*) mit Sonne. Der Verkaufserlös der Plastik floss in sein 7000-Eichen-Projekt. Vor dem Einschmelzen der Kronenkopie steckte Beuys die Edelsteine und das Kronenkreuz in ein Einmachglas, das er mit der Aufschrift versah: „Es kommt alles auf den Wärmecharakter im Denken an. Das ist die neue Qualität des Willens."

S. 26: *Die Füße steckt man durch die Augenhöhlen über Kreuz.* Zitat aus einem Kochbuch aus dem Jahr 1911 zur Zubereitung der Wacholderdrossel, die vor allem durch Eberesche-Beeren geködert und in die Singvogelfalle gelockt wurde.

S. 27: *Blühender Kastanienbaum*: Referenz auf das gleichnamige Gemälde von Vincent van Gogh.

S. 28: *Fototropie*: Escheblätter können Drehungs- und Biegungsbewegungen ausführen, um sich optimal an neue Lichtverhältnisse anzupassen.

Vor dem Nachtquartier

Eine Starenwolke bewegt sich wie ein einzelner Organismus und bildet ein wirksames System zur Abwehr von Fressfeinden. Die Stare fliegen planlos, ohne festgelegte Formationen und kennen keinen Leitvogel. Für die Orientierung des einzelnen Schwarmvogels sind seine Nachbarschaften wichtig, sechs bis sieben Vögel in seiner unmittelbaren Umgebung. Durch sie werden Impulse zur Änderung des Flugverhaltens gegeben. Eine hinreichende Erklärung für das Flugverhalten der Starenwolke und ihre Metamorphosen gibt es nicht.

S. 51: *führen wir den Teil der Unendlichkeit fort, der uns gehört*: Abwandlung einer Gedichtzeile von Morten Søndergaard.

Kretisches Gelände

Der Legende nach setzte Theseus, nachdem er den Minotaurus bezwungen und das Labyrinth überwunden hatte, mit Ariadne zur Insel Delos über. Dort feierten sie ihren Sieg mit einem rauschenden Fest und tanzten mit ihren Begleitern einen altgriechischen Reigentanz: den Kranichtanz. – Die übermütig wirkenden Tänze der Kraniche gelten als Ausdruck von Lebensfreude, Zusammenhalt und Liebesglück. Dabei rupfen sie nicht selten Gras aus dem Boden und werfen es in die Luft.

S. 57: *weiße Ziege*: Amalthea ist in der griechischen Mythologie eine Nymphe. Ihr Name bedeutet *göttliche weiße Ziege*. Sie soll Zeus mit Ziegenmilch gesäugt und selbst die Gestalt einer weißen Ziege angenommen haben. Ihr Symbol ist das Füllhorn.

S. 60: *Wehrmachtsdepot*: Im kretischen Gemeindegebiet von Mires am Nordrand der Messara-Ebene befindet sich eine große Labyrinth-Höhle, die in der Antike als Steinbruch diente. Während des Zweiten Weltkriegs nutzten deutsche Besatzungstruppen die Höhle als Munitionsdepot. Noch immer lagern dort nicht geringe Mengen an Sprengstoff und Waffen aus Wehrmachtsbeständen.

S. 61: *Caique-Boot*: kleines, segelloses Fährboot. Es bringt Gäste von Plaka, einem kleinen Dorf am westlichen Ende der kretischen Mirabellobucht, zur ehemaligen Festungsinsel Kalydon (Spinalonga). Die Insel hatte lange als „Leprainsel" einen zweifelhaften Ruf, weil der griechische Staat bis 1957 alle an Lepra Erkrankten auf diese Insel verbannte. Erst 1957, mit der Entdeckung des Antibiotikums, durften die Leprakranken diese Insel verlassen.

S. 62: *Proskinitaria*: kleine Kirchen am Straßenrand, an Feldern oder in den Bergen. Meist befinden sich in ihnen ein (brennendes) Öllämpchen und ein Heiligenbild. Ursprünglich dienten die Miniaturkirchen vor allem Bauern, um am Feldrand zu beten. Inzwischen werden sie auch an Straßen aufgestellt, z. B. als Gedenkstätte für Unfalltote im Straßenverkehr.

Inhalt

Abraum

UND RÜTTELVERDICHTUNG   *7*

UND KEINE FESTIGKEIT   *8*

UND EIN TÜRRAHMEN   *10*

UND DIESE EMPFINDUNGEN   *11*

UND SPÜRST DU DAS MALMEN   *12*

UND JE NACH WINDEXPOSITION   *13*

UND SUCHSCHNITTE   *14*

UND DIESES ECHO   *15*

Arboretum

Silberweide   *19*

Espe   *20*

Schwarz-Pappel   *21*

Weißbirke   *22*

Stieleiche   *23*

Rotbuche   *24*

Feldulme   *25*

Eberesche   *26*

Rosskastanie   *27*

Esche   *28*

Was zusammenfällt

… es fehlt wieder an Obst   *31*

… das wäre doch denkbar   *32*

… was ist es   *33*

… versuch es und mal doch mal aus   *34*

… dann entdeckt dich ein Klopfen   *35*

… die Tulpen   *36*

… ein Rinnsal   *37*
… dieser Schritt   *38*
… doch, ich erinnere mich   *39*
… möglich, es ist eine Schwebfliege   *40*
… es war der Geruch   *41*
… plötzlich taucht er auf   *42*
… wer legt nun einen Zugang   *43*
… nein, das ist kein Schnee   *44*
… unter deinem Rippenbogen   *45*

Vor dem Nachtquartier   *49*

Kretisches Gelände

ZUNGENBLÜTEN   *55*
UND WENN   *56*
ALS WÄRE   *57*
KÖNNEN NICHT EINSTIMMIG SEIN   *58*
GESCHMEIDIGES WASSER   *59*
IN DER MITTE   *60*
UMWICKELT VON WIND   *61*
MODALITÄTEN   *62*
WAS WIRD AUS DER WINDSTILLE   *63*

Anmerkungen   *65*

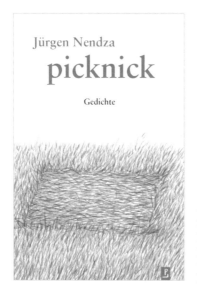

Jürgen Nendza
picknick
Gedichte

Jürgen Nendza
Picknick. Gedichte
Hardcover, 72 S., 17,80 €
ISBN 978-3-940691-84-2
poetenladen Verlag

»Dichtung von Welt.«
Westdeutscher Rundfunk

»Seit einem Vierteljahrhundert schreibt Jürgen Nendza eine auf
genauester Wahrnehmung und konziser historischer Reflexion
fundierte Dichtung ... Viele seiner Gedichte, die Naturstoff und
Geschichtsstoff in poetischer Engführung verknüpfen, sind ›aus
Wasser und Luft‹ gewebt, wie es im Gedicht *Kontaktflächen* heißt.
Am Anfang von *picknick* steht ein Zyklus über die Geschichte der
Insel Norderney, die eine lange Tradition als Badeort für jüdische
Urlauber hatte, die bis 1933 auch der grassierende Antisemitismus
nicht beschädigen konnte. Im *Kopfalbum,* dem dritten von insge-
samt fünf Zyklen, beschwört der Autor die politische Geschichte
seiner Kindheitslandschaft, des Ruhrgebiets. Diese sprachsensiblen
und formal strengen Gedichte sind vorbildliche Lektionen in poeti-
scher Genauigkeit.«
*Deutsche Akademie für Sprache und Dichtung, Lyrik Kabinett, Haus
für Poesie: Lyrikempfehlung (Michael Braun)*